फॉरएवर एंड एवर

ITS NEVER TOO LATE TO BEGIN AGAIN,
LOVE YOURSELF AND SPREAD THAT LOVE
TO OTHER, AND BELIEVE IN LITTLE
THINGS.

सैसी वुमन

Copyright © Sassy Woman
All Rights Reserved.

ISBN 979-888606484-1

यह किताब मेरे प्यार को समर्पित है, धन्यवाद होमेश,
मैं आपको अपने जीवन में पाकर खुश हूं, कृपया मेरे हिस्से के रूप में हमेशा के लिए वहां रहें। आपके साथ के लिए बहुत-बहुत धन्यवाद। मैं तुमसे बहुत प्यार करती हूँ और मैं अपने जीवन में होने के लिए आपको धन्यवाद देना बंद नहीं कर सकती। आपने चीजों को बहुत खास बना दिया है और मैं अपने जीवन में आपकी उपस्थिति की सराहना करती हूं। और मैं अपने परिवार को सभी दोस्तों को धन्यवाद देती हूं क्योंकि यह पुस्तक भावनाओं से भरी है और जीवन का यह अध्याय ढेर सारे प्यार से भरा है जो कि मेने असल जिंदगी मे महसूस किया है।

हमेशा मेरा समर्थन करने के लिए धन्यवाद कहना चाहती हूं,
विशेष रूप से मेरी दिल की धड़कन डोल को धन्यवाद देती हूं जो मुझे हमेशा अपनी भावनाओं को एक कोरे कागज पर लिखने के लिए प्रेरित करती आई है।

क्रम-सूची

क्रम-सूची

प्रस्तावना

अभी-अभी 20 साल पूरे हुए, मुझे लिखना अच्छा लगता है क्योंकि यह किसी के सच्चे शब्दों को सामने लाता है। मुझे लिखना पसंद है क्योंकि यह मुझे दुनिया से जोड़े रखता है और एक जोड़े के बीच के संबंधों का वर्णन करने का अवसर प्रदान करता है। जिस तरह से हम इसे आमतौर पर नहीं देखते हैं। मुझे लिखने में मज़ा आता है क्योंकि मुझे अपनी भावनाओं को लिखना पसंद है, अपनी भावनाओं को अपनी बात कहने के साथ-साथ दूसरों को समझने का एक शानदार तरीका है फिर कहानी इस प्रकार है, मैंने एक डायरी रखी थी जिसमें जब भी लिखने का मन होता मैं छोटी-छोटी कविताएँ लिखता था कभी-कभार शायर बनी हु। साथ ही, मुझे अपने स्कूल के दिनों में निबंध और स्लोगन लिखने में मज़ा आता था। मैं स्कूल में प्रतियोगिताओं में भाग लेती थी और लोगों के सामने अपनी सोच का प्रदर्शन करती थी। मैं नियमित रूप से लिखने के साथ अपने शौक को एक कदम आगे ले जाना चाहती हूं। हालाँकि मैं पात्रों का निर्माण नहीं कर सकती और उन्हें कहानी के साथ बुनने के बारे में नहीं सोच सकती, पर मैं अपने अनुभवों, विचारों, अन्वेषणों, पुस्तकों, सीखने, लोगों और क्या नहीं के बारे में लिख सकती हूँ!

मैं अच्छी बात करने वाली नहीं हूं, मैं अपने परिवार और चुनिंदा करीबी दोस्तों को छोड़कर लोगों से ज्यादा बात करके खुद को व्यक्त नहीं कर सकती। लेकिन मुझे पता चला है कि लेखन मेरे लिए अभिव्यक्ति का सही तरीका है। यह मुझे एक ही समय में पूर्ण और खाली महसूस कराता है! मैं बात करके या किसी और चीज के विपरीत अपने विचारों को लिखकर आराम कर सकती हूं। इस तरह मैं अपने मन को अवांछित विचारों से मुक्त कर सकती हूँ!

यह मेरे लिए किसी आध्यात्मिक जुड़ाव से कम नहीं है!

मेरे लिए नेगेटिव लिखना मुश्किल है। मैं अपने लेखन के साथ हमेशा एक सकारात्मक विचार छोड़ती हूं। और मैं इसे जानबूझकर नहीं करती, ऐसा होता है! जब भी मैं लेखन के साथ अपनी चिंता या तनाव व्यक्त करना चाहती था, मैंने एक कविता लिखी और इसे सकारात्मक रूप से लिखना समाप्त कर दिया!

लिखने से मुझे उम्मीद की एक किरण, खुशी की वजह और जीवन में आगे बढ़ने का रास्ता मिल जाता है।

इसलिए, मुझे लिखना पसंद है

"जो जैसा हे उसे वेसा ही स्वीकार करें बेहतर कि तलाश में आप कही
बेहतरीन ना खो दे।"

1

तुम ओर मै...

दो शख़्िसयत जो एक दूसरे से अंजान होती है, पर इस अनजाने पन मैं भी खास होती है।

पास हो या ना हो पर दिल को उसी की आस होती है। हाँ एक शख़्िसयत हमेशा खास होती है ,

जिंदगी के मोड पर यूँ तो बहुत रुकी संभली हूं में , यु तो बहुत लोग इस सफर में आए हैं , कुछ लोग ठहरे भी है , पर फिर भी तलाश किसी ऐसे कि है , जो दूर हो पर दिल के पास हो , में कहु में ठीक हु पर वो गुस्से से पूछे हुआ क्या है ? हाँ तलाश आज भी है, जो छोटी – छोटी बातों पर रूठ जाए पर इस सफर में अलविदा ना कहे । कोई ऐसा हो जिसे मेरी भी तलाश हो। जिसको मेरी ही तरह बस हाथ थामने वाला चाहिये। कभी सोचती हु की अगर हमारी पसंद-नापसंद मेल नहीं हुई तो, मुझे बाहर का खाना पसंद है, उसे घर का पसंद हुआ तो, मुझे अपनी आदतों से बहुत प्यार है पर उसे पसंद न आए तो , हाँ शायद वो भी सोचता होगा मुझे चॉकलेट पसंद है , उसे ना हुई तो। ऐसे कुछ ख्याल वो भी बुनता होगा। वास्तव में हम सब बुनते हैं। हम सब कभी ना कभी ख्यालों का जाल बुनते हैं ओर उसी मैं उल्झ कर रह जाते हैं। हम सब यही चाहते हैं की हमें कोई ऐसा शक्स मिले जिसकी आदतें भी आपकी आदतों जैसी हो। आप जैसे है वो भी वैसा हो। कभी कल्पना की है , अगर आपको मैंगो बार पसंद है ओर उसे भी वही हो, आपके घर में मैंगो बार कि दो आइसक्रीम होगी लेकिन एक ही स्वाद की होगी। ऐसी बहुत सी चीजे होगी जहां सब एक दूसरे कि पसंद से मेल रखती हो लेकिन कभी ये कल्पना की है , वो आपसे बिलकुल विपरीत हो , आपको मैंगो बार ओर उसे चॉकलेट पसंद हो।

फिर? कुछ ऐसी चिजै भी तो होनी चाहिये,

आपको टीशर्ट पसंद हो ओर उन्हें शर्ट लेकिन कभी सोचा है जिंदगी में कई रंग ओर मिल जाएगा ,आप जो रोज़ का काम करते हो उनमें कुछ ओर रंग शमील होंगे ,आप कभी उनके पसंद की शर्ट पहन लेना तो कभी वो आपकी पसंद कि साड़ी।

कभी आप देर से उठो तो , कभी आप उन्हें देर से उठने देना । कभी आप उनके हाथ की कॉफी पी लेना , तो कभी सुबह सुबह की चाय आप बना देना । जिंदगी में कुछ ओर रंग मिलेंगे पर अच्छे और बेहतर रंग तभी शमील होते हैं जब आप मिस्टर/ मिसेज परफेक्ट की तलाश में ना हो। थोडा आप उनके रंगो में शामिल हो , तो थोडा वो आपके रंगो में ।

जिस्म केसा भी हो आत्मा हमेशा बरिश की सोंधी खुशबू जैसी होनी चहिए। आप का रंग साफ हो जरूरी तो नहीं, वो भी वैसी हो ये जरूरी तो नहीं।

अकसर हमारे परिजन भी कहीं रिश्ते का प्रस्ताव करते है तो (हमारे बेटा / बेटी का बहुत साफ रंग है वेसा ही जीवन साथी चाहिए)

ओर यह हम सब की सोच है, एक बेहतर की तलाश जो फिट हो, सुंदर हो, सुशील हो, या अपनी जिमेदारियो ओर आपकी उम्मीदों पर खरा उतरे। पर हम बेहतर की तलाश में अकसर उनको खो देते हैं या पीछे छोड़ देते हैं जिनका साथ हमारी जिंदगी में इंद्रधनुष के रंग ला सकता है। हम अकसर हमारे अहंकार या दुनिया को देखा देखी करते करते भूल जाते हैं जिंदगी का आखिरी पन्नों में सिर्फ वो शक्स आपके साथ होगा। दिखावा सुंदरता ये सब बाहरी बातें हैं, वो हमसफर ही क्या जो आपकी जिंदगी में रोनक ना ला सके।

हम अकसर खुद को ढूंढते रहते हैं, अकसर हम सोचते हैं कि पहले खुद को जान ले फिर कहीं किसी को कमिटमेंट देंगे पर ऐसा कभी नही होता। हमारी खुद की तलाश हमारे ही कुछ लोग कराते है , वो जो जिंदगी में हमेशा साथ होते है , ओर कुछ वो जो पल भर के लिये आते है पर हमारी तलाश को पूरी कर जाते है।

हमें कहीं न कहीं कभी न कभी एक ऐसे शक्स कि जरूरत होती है जो हेम सुने , कभी कभी सुनना ही काफी होता है, कभी हम उसे सुन ले , कभी हम कहीं गिर जाए तो वो हमें सम्भाल ले ।

सब ख़ूबसूरत है हमारी ज़िंदगी मैं सब रंग भर सकते है , पर सब रंग कुछ अलग होते हैं कोई दोस्ती के रंग भरता है , तो कोई अंजान रह कर भी कुछ रंग छोर जाता है। निर्भर हम पर करता है हम किन रंगो को हमारी जिंदगी में अहमियत दे।

इन सब में एक अहमियत बात यह भी है हमारी जिन्दगी में कोई अकेला नहीं आता वो अपने साथ अपना बिता हुआ कल , अपनी हिचकिचाहट , अपना डर सब अपने साथ लाता है , ओर हमें भी उनके साथ साथ उनके जज़्बातों को भी कबूल करना

चाहिए।

हम तो कोरे कागज है अकसर किस्से लिखने के लिए किस्सों का होना भी जरूरी है। कुछ किस्से प्यार के तो कुछ तकरार के, तुम्हारे भी कोरे कागज़ को खाली नहीं छोड़ुगी मे , कुछ अनबन तो , कुछ ख़ूबसूरत लम्हों को लिखती रहुगी मैं ।

ये ज़िंदगी सफ़रनामा है कुछ रास्ते तुम बता दो तो कुछ मैं बना लुंगी.. धीरे धीरे जिन्दगी काटनी तो है ही क्यों ना साथ मिलके थोड़े सै गम थोड़ी सी खुशियाँ आधी आधी कर काटते है ।

"मुझे वह दिन याद है जब हम पहली दफा मिले थे, और मुझे यह भी याद है जिस तरह आप मुझे देख कर मुसकुराए थे, और मुझ पर पहली बार इतना गहरा असर पड़ा कि मुझे तुमसे प्यार हो गया।"

2

तुमसे मिलना ...

तुमसे मिलना जिंदगी का एक हसीन किस्सा बन जाएगा ये नहीं सोचा था। सोचा तो ये भी नहीं था की एक अंजान बनकर आया शक्स जिंदगी को अपनी महक से यु महका देगा। मुझे याद है आज भी जब तुमने पहली बार मुलाक़ात का जिक्र किया था क्या तुम्हें याद है मेरा एक्सप्रेशन , तुम एक दोस्त बन कर जिंदगी मैं आए , दोस्त सै कब हमसफर बने पता ही नहीं लगा।

मुझे याद है जब मैंने तुम्हें पहेली दफा देखा था ब्लू प्रिंट शर्ट और ग्रे ट्राउजर मैं बहुत अच्छे लग रहे थे। मुझे आज भी वो बात याद है जब हम बस एक दूसरे से कैश्अल होकर बात कर रहे थे, जबकि हम सबसे अच्छे दोस्त थे शायद ऐसी होती है पहेली मुलाकात। हम अंजान थे जो बस सोशल साइट पर मिले थे धीरे-धीरे हम एक दूसरे के दोस्त बने , पर कभी मिलना होगा ये ख्याल नहीं आया था। यूँ तो मैंने बारिश के मौसम की बहुत सी प्रेम कहानियां पढी है पर पथ जड के मौसम की कहानी अलग ही रंग लाई है । कितना अच्छा लगता है ना जब हम किसी सै पहेली बार मिलते है और फिर वह शक्स हमारी जिंदगी का अहम किस्सा बन जाएगा । तुमने तो ये भी नहीं सोचा था की तुम किसी लड़की को डेटिंग करोगे। जिंदगी ऐसी ही होती है जो हम सोचते नहीं हैं अकसर वो वह कर देती है। पहेली दफा के एहसास भी खास होते है ना।

जैसा हमारा पहली नजर देखना, वो हिचकिचाहट, वो अपनापन, उनके लुक्स पर दिल आ जाना।

फिर कुछ फेवरिट जगह तुम चुन लेनाख तो कुछ मैं, जब थक गए तो ये कॉफी वाली फॉर्मेलिटी नहीं हुई मुझसे, मैकडोनाल्ड का आलु टिक्की बर्गर विद कोल्डरिंग हाँ थोड़ी यादगार थी ये मुलाकात, वैसे तो लोग बहुत सी तस्वीर लेते हैं, पर हम क्यू

ना टिक टोक वीडियो बना ले, हाँ मुझे याद हे हमारी पहली विडिओ।

पहली मुलाकात कुछ ऐसी ही होती हे उसमें कुछ खास हो या ना हो फिर भी वो खास होती है। एक अजाना सा चेहरा कब हमारे चेहरे की मुस्कान बन जाए पता ही नहीं चलता। तुमसे मिलना जिंदगी का सबसे अच्छा मसला है जिसपर मुझे नाज है। तुम्हारे साथ बारिश मैं भीगने से लेके रातों में जागना सब खास है। मेरे हर एक एहसास मैं अब तुम शामिल हो सिर्फ तुम ही शामिल हो।

तुम्हारे आने के पहले कुछ अलग सी थी में अब सही मायने में लगता है जिंदगी जी रही हु। हाँ तुमसे मिलना जिंदगी का एक अहम और खास किस्सा बन गया है।

"सुनो, कुछ अल्फाज है जो लफ्जों में बया नहीं हो सकते, यह तो खामोशी है जो बस आखो में झलकती है।"

3

कुछ अहसास...

ज़िन्दगी के सफर में बहुत से अध्याय अंगिन्नद आते है , प्यार शादी दोस्ती फिर रिश्तों को सँवारना पर उन रिश्तों में एक अहम बात ये है खुद को एक्सप्रेस करना। आप किसी सै प्यार करते हो तो सबसे जरूरी है आप अपने प्यार को एक्सप्रेस करना सिखों बहुत आसान होता है , बस कभी कभी हम हमारी कशमकश में उलझ जाते है । बहुत सी भावनाएं होती है जैसे प्यार गुस्सा उत्तेजित होना आदि। कई बार मै खुद ही नहीं समझ पाती हु कि में क्या महसूस कर रही हु , क्या मैं गुस्सा हु या उदास हु , हमें कुछ ज्यादा नहीं बस एक शांत कमरे में खुद से, हाँ खुदा से पुछना होता है जो आप चाहते हैं? या आपके अहसास क्या है , और वो क्यों है ? मैं भी ऐसी ही कशमकश में बढ़ती जाती हूं मुझे बस तुम्हारा साथ चहिए होता है, या जब वो नहीं मिल पाता तो मेरी भावनाएं गुस्से में या कुछ कड़वी बातों के रूप में बहार आती है।

तुम्हारा मसला मुझसे काफी अलग है तुम काफी समझदार हो तुमको गुस्सा आता है पर तुम शांत रहते हो, तुम मुझे प्यार से समझाते हो। मैं ऐसी नहीं हूं, मैं अकसर कंट्रोल खो देती हूं, पर यकीन मानो मेरा गुस्सा कभी भी खुदगर्ज होकर नहीं हुआ, मेरी कोई सी भावनाएं स्वार्थी में नहीं हुई वो सब तुमसे जुड़ा था तुम्हारी चाहत में , मैं बहुत अलग हु मुझे हर उस चिज से जलन होती है जो तुमको मुझसे दूर करती है, हलकी मैं समझती हूं मेरे से ज्यादा तुम्हारी फैमिली का, तुम्हारे अपनो का हक है , तुम्हारे बिना में काफी अकेले पन में पड जाती हु ,

एसी बहुत स अहसास मैं खुद भी समझ नहीं पाति की मैरा दिल असल में क्या चाहता है , पर यकीन मानो जो भी हो तुमसे जुड़ा है।

मैं एक उलझी हुई ढोर हु जिसे बस तुम से सुलझना है,

मैं वो पतंग हु जो कितनी बार कट जाए पर हिस्से तुम्हारे ही आउगी। मै मेरी इन उलझनों मैं बस कुछ समझी हूँ तो यहीं की मेरे लिए बस तुम जरूरी हो। तुम्हारी बात अलग है तुम बहुत शांत हो जैसे एक समुंदर हो जो बहुत खामोश होता है, जिसकी लहर हजारों चेहरों पर खुशी लाती है। तुम भी अपना दर्द अपने अंदर ही समा लेते हो, पर मैं ऐसी नहीं हूं मैं एक कश्ती हु जिसको बस एक किनारा चहिए वो हो तुम

सिर्फ तुम।।

"ज्यादा नहीं बस इतना जानती हु, जैसे मुझे तुमने अपनाया है, वैसे
कभी मैंने खुद को भी नहीं अपनाया।"

4

हमारी ताकत...

हर रिश्ते कि ताकत होती है विश्वास और हर रिश्ते मैं अनबन होती है, लड़ाईया होती है और नाराजगी भी ओर ये होनी भी चाहिए क्योंकि मैं अकसर जब तुमसे लड़ती हु तो हमारे बीच लड़ाई के दोरान हमारे जो आंतरिक विचार होते है अकसर वो बहार आते है। हम बताते हैं की क्यू हम नाराज है या किसी बात का हमें बुरा लगा है , पर एक बहुत महत्वपूर्ण बात यह है आप लड़ो आप अच्छे से बात मत करो लेकिन बातचीत नहीं रुकनी चाहिए मुझसे किसी खास ने कहा था की हम लड़ैं हम नाराज हो जाऐ पर जो ये बंधन है ये कभी भी खत्म नहीं होना चाहिए, हम चाहे कितना भी नाराज हो पर हमें बातचीत नहीं रोकनी चाहिए , ये लाइन ये वाक्य आपको हमेशा याद रखनी है। हमारे मसले चाहे कितने भी बड़े क्यू ना हो उनको रिश्तों से ज्यादा महत्व नहीं देना चाहिए।

हो सकता है बहुत ज्यादा लड़ाई हो गुस्से मैं कोई कड़वी बात निकल जाए पर आप याद रखना मुंह से निकले अल्फाज कभी वापस नहीं आते या कभी आपके साथ ऐसा हो तो एक चिज सोचना कि क्या है जो गलत है, कहीं आपकी गलती हो या फिर मेरी, हमारा जब प्यार दो तरफ़ा होता है तो सुलह भी दो तरफ़ा होनी चाहिये । अकसर हम एक दूसरे की बातों को अहंकार पर ले जाते है, क्या होता है अहंकार एक ऐसी भावना है जो एक रिश्ते को खोखला कर देती है। हम भी अकसर लड़ते हैं। अकसर आपके ऑफिस जाते समय किसी ना किसी बात पर लड़ाई हो जाती है पर एक या दो घंटे में या तो खुद चली आती हु या तो आप आ जाते है। अकसर मैं भी गुस्से मे कभी सही जवाब नहीं दे पाति पर अकसर मैं माफ़ी भी मांग लेती हूं पर समझदारी यही है की आप भी थोड़ा समझ ले की मूड स्विंग हर इंसान के होते हैं, छोटे छोटे किस्सों पर लड़ाई हो जाती हैं , लेकिन हमे बातचीत खतम नहीं करनी है

। यह एक विधि है रिश्ते को बचाए रखने की , आप कैसा भी परिस्थिति मैं हो बस आप बात चित करते रहो। अकसर लड़ लेते है पर फिर सुलह भी करनी जरूरी है , क्या फायदा है अहंकार का की पहले मैं क्यू बात करु या आप आगे से पहल करें , रिश्ता आप का और मेरा है झुकना भी हम दोनों को पड़ेगा। लड़ाई नाराजगी बहुत अच्छी फीलिंग्स है पर तब तक जब तक आप रिश्ते को हर लड़ाई या हर नाराजगी से ज्यादा महत्व दे रहे हो । और हमारी ताकत यही है कि हमें एक दूसरे पर विश्वास है और हमारा हर परिस्थिति मे साथ रहना ।

हीरा मणि ने कहा है मर्द बहुत प्यारी चीज है आप उनकी एक सुनो वो आपकी छह सुनेगा लेकिन एक इसलिये नहीं सुनो क्योंकि वो आपकी छह सुने , उसै भी तो समझो। ये अल्फाज़ अल्फाज़ नहीं है ये सच है एक सच ऐसा ये भी है कि एक ओरत को खुश करने के लिए कुछ मत करो बस उसै उससे ज्यादा प्यार करो अकसर आपकी बहन पत्नी दोस्त आप जब भी मुसीबत मैं या बीमार होते है तो एक माँ कि तरह ख्याल रखती है । कभी आप भी पिता की तरह लाड-प्यार से रख के देखो देखना आपकी जिंदगी में रौनक कम नहीं होगी।।

सभी रिश्ते प्यारे है, पर खास रिश्ता तुमसे है , क्योंकि इस एक रिश्ते में मुझे कई रिश्तों का सुख मिलता है ।

थैंक्स हर दिन खास बनाए रखने के लिए ।

"तुम हमेशा मेरे दिमाग में हो, मेरे दिल में भी, हमेशा के लिए तुम मेरे साथ रहोगे।"

5

अंगिन्नद किस्से...

इस प्यारे से रिश्ते ने मुझे बहुत कुछ दिया है, और सबसे खास है किस्से, जो की अंगिन्नद है।

हमारे किस्से जिनको कोई भी महसूस नहीं कर सकता सिवाय तुम्हारे और मेरे।

तुमसे लड़ना, तुम्हारे साथ रोना, तुम्हारे साथ खाना खाना, हमारी पहली डेट ऐसे बहुत से किस्से है जो दिल के करीब है। तुम्हारे और मेरे पास सड़क से भी लंबी यादें हैं और धन्यवाद, मेरे साथ अपना प्यार बांटने के लिए, जैसे

मेरे घर पे सरप्राइजली तुम्हारा आ जाना,

हमारी पहली किस तुमने मुझे कुछ बेहतरीन यादें दी हैं।

जिस दिन से हम पहली बार मिले थे, उस दिन से काफी समय हो गया है, और बहुत सी चीजें बदल गई हैं- तुम्हारे लिए मेरे प्यार को छोड़कर। यहाँ एक साथ बिताया गया एक और अद्भुत वर्ष है!

हमारा पहली दफा देखना, मुझे तुम्हारे पर क्रश है, मुझे तुम्हारी पर्सनालिटी बहुत पसंद आई थी,

तुम्हारा मुझे रिंग पहनाना, मैं पूरी तरह से तुम्हारे साथ खुद को पुरा महसूस करती हूँ।

हमारे कुछ अनोखे किस्से जैसे तुम्हारा देर रात आना और मैंने दही चाय में मिला दी थी में ऐसी ही हु पागल सी। मुझे याद है आज भी जब मैं रोई थी सिर्फ तुमसे मिलने के लिए और फिर मैरा तुम्हें सरप्राइज देना। रात मैं देर से आना सिर्फ मेरे रोने की वजह से, तुम्हारा मुझे मेरी पसंदीदा चॉकलेट देना, हमेशा छुप छुप के मिलना। इन पिछले महीनों में मैंने जितना सोचा था, उससे कहीं अधिक तुमसे प्यार करना सीखा लिया है, और हर दिन अद्भुत रहा है क्योंकि तुमने मुझे

दिखाया है कि आप भी मुझसे कितना प्यार करते हैं।

"लोग पूछते है ऐसी कौन सी बात है जो मुझे तुमसे जोड़े रखती है,
असल में तुम छोड़ते ही कहा हो जो मुझे तुमसे जुड़ना पड़े।"

6

हम...

मैंने बहुत से रिश्ते देखे हैं या बहुत से रिश्तों को मैंने जाना भी है, पर जो रिश्ता तुम्हारे साथ है वो बहुत खास है, ऐसा नहीं है कि ये रिश्ता मेरी वजह से टीका है ये रिश्ता हम दोनों की साझेदारी और समझदारी से बना है जहां दोनों ही बारी बारी से सम्भाल रहे है ।

मैं और तुम से ये "हम" का सफर बहुत प्यारा रहा है, उन सब मैं सबसे प्यारी बात ये है की हमने कभी एक दूसरे का साथ नहीं छोड़ा, एक नाराज हुआ तो दूसरे ने मना लिया , एक से गलति हुई तो दूसरे ने माफ करना सिखा और हमें आगे भी ऐसे ही रहना है।

एक दूसरे को माफ करके, समझा के या एक दूसरे का ख्याल रख कर "लाइन : में तुमसे इसलिये प्यार करती हूं क्योंकि हम आज तक हम है, और हम आज भी "हम" है इसलिय भी मैं तुमसे प्यार करती हूं" । ।

क्योंकि तुम और मैं को हम करने मैं सबसे ज्यादा मेहनत आप करते हो, गुस्सा दिलाते हो पर मनाते भी हो, गलती करते हो पर मानते भी हो और मैरा काम है बस आपको बेइंतेह प्यार करने का अकसर मैं भी तुमको बहुत गुस्सा दिलाती हूं, हम लड़ते हैं पर हम बात करते हैं और यही हमारी ताकत है।

तुमने और मैंने बहुत मेहनत की है हम रहने के लिये और आगे भी करेंगे, क्योंकि आगे नहीं की तो अभी तक की हुई सारी मेहनत पानी में मिल जाएगी। मुझे ये रिश्ता बहुत लम्बे सफर तक चहिए, मुझे तुम ता-उम्र मेरे साथ चहिए हो।

हमें एक दूसरे की आदत होजाऐ जो कभी ना छूटे, जो हर दिन बड़ती जाए,

हम जब लड़ते हैं तो कुछ पता हो या ना हो पर ये यकीन होता है कुछ देर बाद बात हो जायेगी। हम दूर रहते है पर हमें ये मालूम है आप जहां भी हो आप मुझे याद कर

रहे हो और मैं कही भी हु तुम मेरे ख्याल में हर दम हो। कोई तारीख तुम भूल जाओ तो डाट के याद दिला दूंगी और हमारे बीच प्यार कितना है ये भी तुम भूलना मत , और मैं पहले ही बोल रही हूं मुझे तुम्हारी तरह मनाना नहीं आता तो तुम ये मुझे सिखा देना हाँ अपने प्यार में मेरी भी पहचान रखना , जैसे में तुम्हारी रखती हु । तुम्हारे इलावा मैं किसी को नहीं देखूँगी या देख भी लूँ तो नज़र टिकेगी नहीं, तुम कहते हो ना मैं तुम्हें परेशान करती हूं तो तुम भी आदत दाल लो अब क्योंकि मेख ऐसी ही रहोगी। तुम्हारे या मेरे सपने अब हमारे होंगे और ये जो तुम तेरा मेरा करते हो कुछ कुछ जगह ये भूल जाओ पर हाँ चॉकलेट तो बस मेरी होगी तुम टेस्ट कर सकते हो पर फिर अपना दुगना प्यार देना मत भूलना में जिद्दी हु बहुत पर मेरी हर जिद तुम पर ख़त्म होती है , मैं ऐसी ही हु पागल सी पर मेरा पागलपन भी तुम पर ही रुकता है।

चाहे तुम किस भी मुकाम पर क्यों ना पहुंच जाओ तुम्हारी सेलरी दस हजार से साठ हजार और साठ हजार से एक लाख क्यू न होजाऐ बस तुम हमें मत भुलना, मत भूलना की मेरे सपनों को भी तुमसे उम्मीद है और मत भूलना हमारे इस "हम" में सबसे अहम किरदार तुम्हारा है बस मत भूलना की मैरा होना ही तुमसे है...

"तुम जरूरी हो, जरूरत नहीं।"

7

प्रिय फ्यूचर हसबैंड...

मुझे जिंदगी मैं कुछ ज्यादा की चाहत नहीं बस तुम मुझे अपने हिस्सों मैं से थोड़ा सा हिस्सा दे देना ।

अपनी कामयाबी के लिए लड़ भी लूँ पर तुम साथ खडे रहना।

तुम्हारा घर-परिवार संभाल लुंगी मैं बस तुम मेरे सपनों को भी थामे रखना। वैसे तो मैं बहुत नर्म दिल इंसान हु पर तुम ये भी याद रखना की मैं सबसे पहले अपनी इज्जत को रखूंगी। कुछ ना कहूँ तो खामोशी पढ लेना मेरी नाराज होजाउ तो मना भी लेना, मेरे किये फसलों की इज्जत तुम भी कर लेना और तुम्हारी दि गई सलाह को मैं भी मानुगी। तुम्हें पता है न छोटी छोटी बात पर जिद बहुत करती हु क्या तुम जिद पूरी आखिरी वक्त तक कर पाओगे क्या? यू तो रिश्तों को सँवारने की कोशिश मैं करती आई हु पर कभी ना निभा सकूँ तो तुम भी मुझे समझ लोगे क्या?

तुमको पता है दुनियादारी की फ़िकर मैं नहीं करती एक नई सोच को ज्यादा मानती हु , क्या तुम भी मेरी नई सोच में डल पाओगे क्या?

कोशिश पूरी रहेगी तुम्हारी उम्मीदों पर खरा उतरने की पर कभी कभी तुम लापरवाह होने का मोका दोगे क्या?

सुबह का नाश्ता या ऑफिस का लंच मैं बना दुगी पर क्या कभी तुम भी नाश्ता बना दोगे क्या।

मैं तुम्हारे हर तरीकों को अपना लूंगी पर क्या तुम भी मेरे रहने का तरीकों को अपनाओगे क्या?

मुझे पश्चिमी कपड़े बहुत पसंद है तुम शादी बाद पहननें दोगे ना? शादी से पहले सब आसन है हमारा घुमना, हमारा लडना, पर शादी बाद भी तुम यही रहोगे ना..

अकसर दिल थम सा जाता है कुछ चीजो के बारे में सोच कर,

तुम वो पल कभी आने तो नहीं दोगे ना?

तुम हमेशा मेरा साथ तो दोगे ना? मे नादान हु तुम शादी बाद भी इसी तरह रक्षा करोगै ना ?

तुम्हारी मम्मी पापा को पूरी तरिके सै अपना लुंगी मैं पर तुम भी मदद करोगे ना?

शादी से पहले हर गलती माफ कर देते हो,

शादी बाद बदल तो नहीं जाओगे ना ?

हाँ तुम यूँ ही मोहब्बत करोगे ना ?

"तुम से तुम्ही को चुराना है,
बस इसी तरह मुझे इश्क निभाना है।"

8

माय विशिलष्ट...

तुम भी कभी-कभार मुझे नहीं समझ पाते, तुम ईस बात को नहीं समझते की में क्यू उदास हूं पर मैं चाहती हूं कि तुम समझो। जब मैं दुखी हूं तो तुम दूर हो या पास बस तुम अपने होने का एहसास कराओ। अकसर मैं खुद को समझ नहीं पाति तुम्हारी एक छोटी सी बात दिल को बहुत दुखाती है, पर मैं फिर भी चाहती हूं तुम इस बात को भी समझो की मैं तुमसे बस तुम्हारी चिंता और तुम्हारा ध्यान अपनी और चाहती हूं। तुमको पता है मुझे बहुत सारी चीजें करनी है और बहुत कुछ देखना है जिन्दगी में पर तुम्हारे साथ, पिकनिक, कैंडल लाइट डिनर, बहुत सारी चॉकलेट , और कुछ दिनों के लिया कही दूर जाना है जहां बस हम दो हो ।

बस ये सब तुम्हारे साथ करना है। सारे त्यौहार तुम्हारे साथ मनाने है।

और गोवा जाना है , खूब पिनी भी है। मैं तुम्हारे साथ एक दोस्त की तरह रहना चाहती हु जहां इज्जत हो पर कुछ डिस्कशन करने से मैं घबराऊँ नहीं। मैं जमकर पीना चाहती हूं, मैं हर एक चिज करना चाहता हूं, मुझे सुबह पांच बजे तुम्हारे साथ घूमना है,

रात में लेट तक बहार रहना है। तुम्हारे साथ आइसक्रीम खानी है। तुम्हारे साथ जिंदगी के हर पल को जीना है। अपने बचाओ को थोड़ा सा बीगाड़ना है, और जिंदगी भर तुम्हें परेशान करना है। मैं जब उठु तो ज्यादा नहीं बस तुम चाय या कॉफी बना दो, कभी सर दुखे तो तुम प्यार से सहला दो। ज्यादा ख्वाइशे नहीं है मेरी बस जो है तुमसे है।

एक छोटा सा आशियाँ हो तुम्हारा मेरा वैसे तो नोकरी की जरूरत नहीं होगी मुझे , पर मेरा मन कर तो जाने देना। तुमको पता है मुझे तकिए की आदत नहीं बस तुम हर रात अपने सीने पर सर रखे सोने देना, और मैं बातुनी बहुत हु कभी कुछ बोल दूँ

तो जाने देना। मेरी हर खुशी का ध्यान जैसे तुम अब रखते हो वैसे हमेशा रखना। कभी किसी बात से दिल दुखे तुम्हारा तो आंके बता देना ताना मत कसना बस समझा देना। सुबह सुबह कोशिश करना मुझे गुस्सा न आएं बस प्यार से फिर संभाल लेना। ज्यादा नहीं बस एक चाहत है तुमसे की बस मैं तुम्हारे साथ वैसी रहु हमेशा जैसी में हूं। मैं नहीं चाहती कि मैं बहार से खुश रहूं।

मैं तुम्हारे साथ दिल के कोने कोने से खुश होना चाहती हूं बस ऐसा रिश्ता बनाए रखना है।

मुझे हिंदी लिखनी नहीं आती तो तुम संभाल लेना। कभी चाय म शक्कर और सब्जी मैं नमक ज्यादा हो जाए तो भी जाने देना। बस छोटी सी ख्वाहिश है जब मैं थक कर सोऊँ तो बेफिक्र सोऊँ बस तुम ऐसी रोनक बनाए रखना। हाँ तुम रात मैं जब ऑफिस से आओ तो पुछ भी लेना की क्या लाना है। ज्यादा मीठा खाउ तो प्यार से बोल भी देना। हाँ अपना हक फिर से जता भी लेना और फिर प्यार से समझा भी देना कभी रौऊ तो गले लगा लेना, बस यही ख्वाहिश है कि तुम मुझे संभाल लेना ।

"मैं तुम्हारा वो घर बनना चाहती हु ,
बस तुम सुकून चाहो और रास्ता मेरा याद आए।"

9

सेफ प्लेस...

घर हम सबके ज़िन्दगी में एक बहुत ही खास जगह है; यह वह जगह है जहाँ आप काम या स्कूल में एक थकाऊँ दिन के बाद रहना चाहते हैं। यह एक ऐसी जगह है जिसे हम सभी याद करते हैं और रहना पसंद करते हैं। यह एक ऐसी जगह है जहां हम सहज महसूस करते हैं। घर की अच्छी बात यह नहीं है कि घर की इमारत या दीवारें हैं। यह एक व्यक्ति में भी पाया जा सकता है। जब मैं तुम्हारे साथ होती हूं, मैं एक घर पर होती हूं, मुझे सुकून मिलता है। मैं तुमसे प्यार करती हूँ।

हर एक दिन, मैं तुम्हारे साथ रहना चाहती हूं, तुम मेरा घर हो तुम ही मेरा सब कुछ हो

तुम्हारे बिना मेरा ज़िन्दगी बेकार होगी। तुम मेरी दुनिया हो और मैं किसी से प्यार नहीं कर सकती मेरे ज़िन्दगी का सबसे अच्छा हिस्सा मेरे ज़िन्दगी में तुम्हारा होना है, तुम मेरा सपना हो, और जो मेरे दिल की धड़कन को तेज करता है। मुझे विशेष महसूस कराने के लिए। मैं जो हूं वो तुम्हारी वजह से हूं हमारी चुनौतियाँ, ठोकरें और असहमति हो सकती है, लेकिन जब तक हम साथ हैं और एक-दूसरे से प्यार करते हैं, तब तक और कुछ मायने नहीं रखता। मेरी एक ही ख्वाहिश है कि तुम खुद को मेरी आँखों से देख सको। तभी तुम समझ सकते हो कि तुम मेरे लिए कितने मायने रखते हो और मैं तुमसे कितना प्यार करती हूं।

तुम हो, और हमेशा रहोगे, मेरा सब कुछ। हमे साथ में चाहे कितने भी साल बीत जाएं, दो पल होंगे जब मैं तुम्हारे साथ रहना पसंद करूंगी - अभी और हमेशा के लिए! लव यूँ, माय स्वीटी। जब तुम मेरे घर हो तो मैं तुम्हें कैसे छोड़ सकती हूं? तुम मेरी सब कुछ, मेरी जिंदगी और मेरा प्यार हो। तुमने मुझे बनाया जो मैं हूं जब तक हम एक ही आकाश साझा करते हैं, एक ही हवा में सांस लेते हैं और एक ही

प्यार साझा करते हैं, तब तक तुम हमेशा मेरे दिल में रहोगे। मैं अगली बार तुमसे मिलने का इंतजार नहीं कर सकती। भले ही तुम हजारों मील दूर हों, फिर भी मैं तुमको अपने ठीक बगल में महसूस करती हूं। मैं हमेशा तुम्हारा ख्याल रखूंगी, हम दोनों के ज़िन्दगी में अपने-अपने रास्ते हैं, लेकिन जब हम साथ होते हैं तो रास्ते जुड़ जाते हैं, और मुझे तुम्हारे साथ रहने के लिए इससे ज्यादा सही रास्ता नहीं मिल सकता था।

तुम हमेशा मेरी सुरक्षित जगह रहे हो,

जब मैं तुम्हारे साथ होती हूं, तो मैं उन चीजों से सुरक्षित महसूस करती हूं जो मुझे अंदर से चोट पहुंचाती है मुझे अच्छा लगता है जब मेरी उंगलियां तुम में उलझ जाती हैं और मेरा सिर तुम्हारी छाती पर आपकी गर्मी की धड़कन को सुनता है। यह मुझे इतना सुरक्षित महसूस कराता है जैसे मेरे साथ कुछ भी बुरा नहीं हो सकता। और मैं भी चाहती हु की तुम भी एसा ही फील करो...

"एक रिश्ता तब ही बेहतरीन हो सकता है,
जिसमें आप दोस्त पहले, और हमसफर बाद मैं हो।"

10

बेटर रिलेशनशिप...

रिश्तों का नियम है कोई झूठ नहीं, कोई रहस्य नहीं, विश्वास हो, और सबसे महत्वपूर्ण बात दोस्ती हो। दोस्ती = जब तक दोस्ती नहीं होगी, तब तक कोई भी रिश्ता नहीं बन सकता चाहे वो मां बेटी का हो पति पत्नी का हो, किसी का भी रिश्ता क्यों ना हो अगर उस बहतरीन करना है तो दोस्ती सबसे महत्वपूर्ण रिश्ता है जो आपको हमें डालना होगा

झूठ = झूठ का सहारा लेके कोई भी रिश्ता नहीं टिक सकता, या तो झूठ इसलिये बोला जाता है क्यों की आप निश्चित रूप से गलत हो, या फिर आपको लगता है सामने वाला, समझेगा नहीं।

नो सीक्रेट्स = सीक्रेट्स अकसर इसलिये रखे जाते हैं क्योंकि हमें लगता है कि सामने वाला कहां समझेगा, और कहा से उसे पता लगेगा। लेकिन कभी सोचा है आज नहीं कल, नहीं तो साल भर बाद भी पता लगा तो आपका रिश्ता क्या होगा।

हर रिश्ते में कुछ चीजे हैं जो नहीं होनी चाहिए या कुछ चिजै है जो होनी चाहिए वो है विश्वास या दोस्ती। ट्रस्ट क्यू की जब आप ट्रस्ट करोगे तब ही रिश्ता बडेगा या दोस्ती अगर आपको अपने रिश्ते में प्यार या विश्वास लाना है तो दोस्ती सबसे महत्वपूर्ण बात है। हम रिश्ते में है हम अकसर गलतिया देखते है। गलतियो मे मार्क करते है, लेकिन कभी उनका प्रयास और उनकी की गई मेहनत भी देखना जो वो उस रिश्ते में कर रहे है। कोई आपको कुछ बता नहीं रहा है तो सोचे कि आपने कहा कमी रखी है।

मेरी बातों पर बहुत ध्यान देते हैं कभी गुस्से मे कुछ शब्द निकल जाए तो सब आ जाते है समझाने पर जो मैं रोज रोज प्यार से इत्मीनान से बात करती हूं वो, जो मैं मैं रोज तुम्हें प्यार जताती हूं। उन्हें किसी ने नहीं देखा। मेरे गुस्से में निकले शब्दों

को सुन कर जो ताने मारते हो तो कभी मेरे प्यार के अल्फाज सुन कर तारीफ भी कर लेना।

या अगर मैं कहीं गलत हूं तो मेरे नेगेटिव भी बताना, प्यार है जानती हूं पर जरूरी नहीं पॉजिटिव ही देखो पर नेगेटिव देखना भी और बताना भी। अगर मुझे तुम्हारे सारे अवगुण दीखाई दे पर एक तो गुड़ होगा। तुम मुझमें भी वो एक गुड देखना और जो लाइफ है उसका मतलब अपरिपूर्णता है अगर तुम हमारे रिश्ते मैं परफेक्शन डालना चाहते हो तो तुम्हारे

हिसाब से फिर मुझमें कमियाँ होगी। दुनिया की कोई सी भी चिज परफेक्ट नहीं होती इम्पर्फेक्शन में हमें हमारी खुशियाँ ढूंढनी पढती है। तुम और मैं ये कभी नहीं सोचेंगे की तुम या मैं गलत हूं हम बस ये सोचेंगे कि तुम्हारा गलत भी सही हो सकता है तो मेरा सही भी गलत हो सकता है क्योंकि हमे बिल्कुल परफेक्ट नहीं बस रिश्ता बेहतर बनाना है।

एक दूसरे से कितना प्यार करते हैं हमें

इसी के साथ साथ पूरी स्वीकृति, कुल प्यार, कुल समर्थन और जो हमारा प्यार हो वो बस बिना शर्त हो हमारी सफलता या किसी भी चिज पर निर्भर न हो। रिश्ते बस तीन शब्दों से नहीं निभते है लेकिन इसको एक्सप्रेस करना जरूरी होता है।

हमारे डर को, हमारी सफलता या नाकामी को, हमारे पास्ट को स्वीकार करते हैं।

जैसे तुम गुलाब में गुलाब की खुशबू के साथ साथ उनके काटो को भी स्वीकार करते हो वेसे हम भी एक दूसरे के साथ साथ एक दूसरे की खामियाँ या बाकी सब चिजो को स्वीकार करेंगे तब हम दिन-ब-दिन एक बेहतर रिश्ता क्रिएट कर सकते हैं।

"ना तुम्हारे पहले, ना तुम्हारे बाद, सिर्फ और सिर्फ तुम्हारे साथ।"

11

टीमअप...

टीमअप पबजी जैसा ही है असल जिंदगी मैं भी। जैसे तुम पबजी में टीमअप करते हो वेसे मेरे साथ असल जिंदगी मैं भी कर लेना। अकसर मैं लफ्जों से जो ना कह पाऊँ वो तुम महसूस कर लेना। कभी में मेरे ससुराल मैं किसी चिज मैं अटक जाउ तो तुम आँके हाथ बटा देना बस हा मेरे साथ भी तुम टीमअप कर लेना। शादी बाद ज़िम्मेदरिया बड जाएगी तुम्हारी भी मेरी भी अकसर मैं तुम्हारा हाथ बटा दुगी। तुम भी थोड़ा-बहुत कामों मैं मदद कर देना।

बस और टीमअप यहाँ भी कर लेना। देखो तुम्हारी मम्मी पापा का ख्याल मैं रख लूंगी, फिर कभी कोई गलती होजाऐ तो तुम भी थोड़ा संभाल लेना। अकसर मैं बचपने में गलती कर देती हूं ऐसा कभी होगा तो तुम्हारे मेरे हिसे की डाट को बाट लेना। कभी तुम लूडो मैं हार जाना तो कभी हम साथ चिकन डिनर कर लेंगे। बस हाँ असल मैं भी टीमअप कर लेना।

और देखो पबजी के टीमअप में विनर एक होता है, पर यहाँ जीतेंगे भी दोनों और हारेंगे भी दोनों।

बस हाँ तुम टीमअप करना।

देखो मैं अपने बच्चों को डाटु तो तुम प्यार से मना लेना। और मैं थोड़ी छुट दूँ तो तुम उनकी ढोर पकडे रखना हा बस कुछ इसी तरह का टीमअप हमेशा रखना।

देखो मैं मोहब्बत बहुत करता हूं तुमसे बस थोड़ी ज्यादा तुम कर लेना।। और रात जब थक के घर आओ तो जैसे अभी मेरी गोद में सोते हो वेसे तब भी सो जाना।

देखो हर साल बहार घुमने जाएंगे एक साल तुम्हारी पसंद की जगह और एक मेरी।

मुझे सजावट करने का बहुत शोक है किसी अवसर पर बस हलका सा हाथ बटा देना।

देखो रविवार को थोडा आराम दे देना अपना मां पा के सामने किचन मैं भी हाथ बटा देना। बस टीमअप कामों मैं भी कर लेना। ये जो हमारी कास्ट का डिफरेंस हे इस वजह से आगे बहुत समस्या होगी, उन समस्याओं में भी टीम अप कर के रखना। देखो सब चिजै मंजूर कर सकती हु पर बच्चन का नाम हमारे नाम से ही जुड़ा होगा। तुम्हें पता है मैं बहुत नई ख्यालात की हु बस तुम अपने घर को थोड़ा मेरे रंगो में रंगने देना।

देखो मुझे आज भी कल की फिक्र सताती है, जब मैं तुम्हारी पत्नी कहलाउगी बस तब भी हाथ अपना मेरा हाथों मैं थामे रखना। मैं ज्यादा जजमेंटल नहीं हूं बस पुराणी रस्म को फॉलो नहीं करती हूं मैं आज की लड़की हूं और बस आज में जीती हु बस उन चिजो पर ध्यान देती हूं कि कम्फर्ट कहा है और खुशी कहा है बस मेरी इन सोचो में भी टीमअप कर लेना।

देखो पता है मुझे शादी से पहले तुम्हारा सब बातें मानना बहुत आसान है बस शादी बाद उन बातों को कर के भी दिखाना, तुम अकसर सही का साथ देते हो पर आने वाले समय मैं अगर तुम्हारी मम्मी सही हुई और मेरी सोच भी सही हुई तब बस तुम मेरा हाथ मत छोडना।

देखो बस ये जो टीमअप बस शादी बाद बनाये रखना

"तुम मेरे वो जज्बात हो, जिस से मेरे सारे अहसास जुड़े है।"

12

जज्बात...

सुनो एक खाली पन हमेशा रहता है मेरे साथ, बस जब तुम पास होते हो तो कुछ वक्त के लिए भर जाता है।

कुछ जज्बात है जो तुम्हें बताने है ऐसा लगता है अभी भी दिल का कोई हिस्सा खाली है, अकसर जब हम बात नहीं कर पाते तब यही अकेलापन बहुत चुबता है। कभी तुम मुझे समझ समझ ना पाओ या कभी गलत समझ लो तो यह हिस्सा बहुत चुबता है। मेरे हिस्से में बस तुम अपनी मोहब्बत और अपना साथ रख देना, कभी मेरी आंख नम हो तो मेरे हाथ पे अपना हाथ रख देना। बस यही कुछ जज्बात है जो तुम्हें बताना है। मैं हर वक्त बस यही सोचतीं हु की तुम खामोशी मेरी पढ लो, मैं रोने लगु तो तुम बिना सिसकियों के भी पहचान लो, मैं किसी बात पर गुस्सा होजाऊ तो तुम बस समझ जाना नाराजगी मेरी और अकसर तुम मेरी खामोशी को अहंकार लेते हो बस तुम उस जगह समझ जाओ की दिल दुख सा गया है किसी बात पर मेरा। बस तुम मेरे यह जज्बात समझ जाओ।

कुछ बातें अनकही रहने देना जब हम श्याम ढले सितारों के बीच लेटे होंगे तो तुम कहना कुछ अनकही बातें। हाँ कुछ जज्बात है जो तुम अब जान लेना। हाँ कुछ बातें अनसुनी रहने देना, हाँ मुझे थोड़ी बेकरारी मैं रहने देना। या कभी जवाब ना दूँ तो बस उन जवाबों को खामोशी में ही रहने देना।

हाँ बस ये जज्बात तुम समझ लेना।

मुस्कान झूठी होतो बस तुम वजह जान लेना न बताऊँ तो सबब मेरी अदाओं का तुम पहचान लेना।

"Happiness is being with you till the death."

13

ग्रो ओल्ड विथ यू...

मैं सिर्फ तुम्हारे साथ बूढ़ा होना चाहती हूं।

मैं खुशनसीब हु कि मेरा तुम्हारे साथ एक अद्भुत रिश्ता है जो मुझे प्यार करता है, अपनी आंखों के सामने एक बड़ा परिवर्तन होते हुए देखना है

जवानी से लेकर बूढ़े तक - हर झुर्री का अनुभव कुछ ऐसा जो आपको अपने जिन्दगी सबसे महत्वपूर्ण व्यक्ति के साथ साझा करने के लिए मिलता है। मैं तुमसे यह कहने के लिए और इंतजार नहीं कर सकती, "याद रखें जब हम जवान थे ? वह सबसे अच्छा और सबसे बुरा था। अब तो बस बुढ़े हो रहे है।

जब हम माता-पिता होगे और हमारे बेबी को फर्स्ट टाइम गोद में लेंगे और उनहे हम बड़ा होता देखते हैं बहुत सारे लम्हे यादगार बनाने है। हमारे घर में एक दीवार होगी एक ऐसी दीवार जो हमारे घर का एक बहुत खूबसूरत हिस्सा होगी जहां हमारी, और हमारे बच्चों की सारी तस्वीरें होगी जिन्हें देख कर हम बोलेंगे टाइम केसे निकल गया पता ही नहीं चला।

और फिर हम हमारी पहली मुलाकात याद करके मुस्कुराएंगे और जब हम दादा-दादी बनेंगे तब तक हम बूढ़े हो चुके होंगे हमारे अकसर पाऊँ दुखेंगे और में चॉकलेट्स भी नहीं खा पाउगी पर हमें बुढ़ापे मे भी एक खुशी होगी वो ये की मैं तुम्हारे साथ । तुम्हारे और मेरे बाल सफेद हो चुके होंगे त्वचा मे बहुत से शिकन आ चुके होगे। हम अपने बच्चों और उनके बच्चों को बस हमारी कहानियां सुनाया करेंगे। कल्पना कीजिए हमारी शादी के अनोखे किस्से, और घर घर की लोक झोक हम उस बूढ़ापे मैं सब याद किया करेंगे। ज्यादा नहीं जीना तुम्हारे साथ बस हाँ 25 सालगिरह कवर करनी है। जिंदगी बहुत छोटी है ये आज नही लगेगा ये तब लगेगा जब हमारे हाथ से वक्त जा चुका होगा। पर में यह चाहती हु की जब वक्त जाए

तब हम बस ये कहे की जीतनि भी जिन्दगी खुदा ने दी हमने जी भर के जी है, हमने इस जिंदगी में एक दूसरे का इतना प्यार पा लिया की अब काफी है। दुनिया के अलग अलग कोनों में घुमना है तुम्हारे साथ। तुम्हारे ऑफिस की हर शादी में शामिल होना है। फिर एक दिन 2 से 3 होने का भी सफर तय करना है।

कल्पना करना हम एक बहुत ही सुंदर सी जगह गए है जहां सुन्दर है हम दोहो बस एक दूसरे से प्यार कर रहे है अचानक मैंने फैसला किया कि इधर के बाजार चलते है हम अच्छी शॉपिंग करते है और फिर अचानक हमें एक दुकान दिखी है छोटे छोटे मोजे और कपड़ो की हम दोनों की आखो में चमक होती है हम बेबी प्लान के बारे में फैसला नहीं कर रहे हैं, लेकिन फिर भी हम 1 लड़की के और 1 लड़के के मोजे कैप्स लेते है। घर आ उन्हें संभाल के रख देते हैं। बस ऐसे ही कितना कुछ मुझे जीना है। शादी बाद बस तुम भी सुबह जलदी उठा दो तो कभी सोने न दो कभी तुम मुझे परेशान करो तो कभी मैं तुम्हें, हाँ बस ऐसे किस्से मरने से पहले जीने है। कभी रात मैं बहार घुमने जाना तो कभी रात भर बात करना। श्याम की चाय के साथ ये सोचना की वक्त कितना जल्दी निकल गया। तुम्हारा कार लेना फिर हमारा ड्राइव पे जाना हाँ कुछ किस्से ऐसे भी मुझे जीने है। कभी साथ में घर का सामान लेने जाना या कभी 9 से 12 का मूवी शो बस हर दिन को एक अच्छी याद की तरह जीना है। हर दिन फरवरी की तरह मनाना है। कभी साइकिल तो कभी बोटिंग करना हे बस तुम्हारे साथ जब तक का सफर हो यादगार बनाना है। मुझे मरने से पहले यह सब और बहुत कुछ करना है। ज्यादा नहीं बस तुम्हारा प्यार पाना है।

"*I started missing you as we say bye.*"

14

हम ना रहे...

देखो एक दिन शायद ऐसा हो और जिस दिन ऐसा हो उस वक्त इसे जरूर पढ़ना। देखो जिंदगी बहुत लंबी है, खुदा न करें मुझे कुछ होजाऐ या हम जुदा होजाऐ तुम बस मेरी रहा मत देखना, तुम मेरी राह में अपनी खुशी मत बिछाना। तुम अपनी जिंदगी को एक आम इंसान की तरह से जीना और जिंदगी को दुसरा मोका देना और उस मोके मेख वो सब मत करना जो मुझे पसंद नहीं था, या हम जिस वजह से अलग हुए हो। तुम जैसे मेरा ख्याल रखते हो उसका भी बस वेसे रखना । तुम्हें तुमसे ज्यादा जाना है मैंने मुझे पता है तुम भूल नहीं पाओगे मुझे और मैं कहूंगी भी नहीं मुझे भूलो अगर तुम्हारी मोहब्बत के लायक उस वक्त भी रही तो दिल के किसी कोने में दफना देना। मैं तुम्हारे तरिको से वाकिफ हु की अगर तुम जिंदगी में आगे बढ़ भी गये तो बस तुम रिश्ते नाम के रखोगे पर एसा ना करना किसी को तुम्हारे पास आने का भी मोका देना धीरे धीरे वह सब सही होगा। एक दिन तुम मुझे भुला भी दो पर भूलना एसा की मैं तुम्हें याद आउ पर वजह दूसरी हो तुम बस ये सोच के याद करो की मेरा जाना भी सही रहा एक हद तक। बस तुम याद करो तो ऐसे जैसे कोई किसी अजनबी को करता हो। हम अलग नहीं होंगे वेसे पर होजाऐ तो फिर कुछ दिन सोचना की हम अलग क्यू हुऐ और तब अगर मैं तुम्हें एक बार भी सही लगूँ तो बस तुम आना मेरा हाथ थामने। जैसे तुम्हारी जिंदगी मैं कोई जगह नहीं ले सकता इश्क या मोहब्बत की वेसे मैं अब सोच नहीं सकती। बस हाँ कभी जुदा होजाऐ तो खुद को सजा मत देना। कभी जुदा होजाऐ तो ये पन्ना फिर पढ लेना।

देखो मोहब्बत बेशुमार है तुमसे, आज भी तुम्हारे खोने का एहसास सोने नी देता बस जुदा हुई तो एक बार तुम भी आना। कभी रिश्ता टूटा तो बस एक कदम बड़ा

लेना मेरी तरफ हाँ बस हम कभी ना रहे तो एक कदम बड़ा लेना

लेना मेरी तरफ हाँ बस हम कभी ना रहे तो एक कदम बड़ा लेना

Thankyou